Duden Schülerhilfen

Grammatik 4. Klasse

Alle Satzarten und Satzglieder

Bibliografische Information der Deutschen Bibliothek
Die Deutsche Bibliothek verzeichnet diese Publikation
in der Deutschen Nationalbibliografie;
detaillierte bibliografische Daten sind im Internet
über http://dnb.ddb.de abrufbar.

Das Werk wurde in neuer Rechtschreibung verfasst.

Redaktionelle Leitung: Claudia Schuller
Lektorat: Kattrin Stier, Aying
Herstellerische Leitung: Claudia Rönsch
Layout: Sigrid Hecker, Mannheim
Umschlagkonzept: Bender & Büwendt, Berlin
Satz und Herstellung: Katrin Kleinschrot, Stuttgart
Druck und Bindung: Appl, Wemding
Printed in Germany
ISBN 3-411-71771-8

Duden Schülerhilfen

Grammatik 4. Klasse
Alle Satzarten und Satzglieder

von Angelika Neidthardt und
Ulrike Holzwarth-Raether

mit Illustrationen von Doris Rübel

Dudenverlag
Mannheim · Leipzig · Wien · Zürich

Inhaltsverzeichnis

Jetzt geht
es los!

Wie wir uns verständigen

Mit der Sprache können wir uns miteinander verständigen. Wir können etwas mitteilen oder etwas fragen. Wir können jemanden auffordern etwas zu tun. Wir können schimpfen, loben, etwas verbieten oder erlauben. Jeder Mensch kann mit der Sprache also verschiedene Absichten ausdrücken. Natürlich braucht derjenige, der etwas sagt, auch einen Zuhörer, der ihn versteht.

Selbst kleine Kinder, die nur wenige Wörter sprechen und den komplizierten Satzbau noch nicht beherrschen, können sich verständlich machen. Wir gebrauchen nämlich nicht nur Wörter und Sätze. Wir haben noch andere Möglichkeiten.

Wir begleiten unsere Aussagen meistens mit Handbewegungen oder einem bestimmten Gesichtsausdruck. So gibt es weniger Missverständnisse und wir müssen nicht alles ganz genau beschreiben.

Wenn wir den anderen aus der Entfernung nicht mehr hören können, verständigen wir uns durch andere Zeichen.

Auf dieses Zeichen könnt ihr manchmal kaum noch warten. Ihr wisst alle: Das Läuten der Schulglocke bedeutet, dass die Schulstunde zu Ende ist. Ihr dürft aufstehen und auf den Pausenhof gehen. Dazu braucht der Lehrer nichts zu sagen.

Diese Bildzeichen versteht schon fast jedes Kind in eurem Alter. Sie sind notwendig, damit ihr euch im Verkehr zurechtfinden könnt. Wenn ihr sie nicht beachtet, kann das schlimme Folgen haben.

Diese und viele andere Zeichen wurden von den Menschen vereinbart. Jeder muss sie lernen, damit man sie sofort versteht. Auch die Sprache ist eine solche Vereinbarung. Wenn zwei Menschen im selben Land aufgewachsen sind, können sie sich mit ihrer Sprache verständigen. Wenn Felix spricht und Tine ihm zuhört, kann sie ihn verstehen. Denn beide können Deutsch. Wenn Felix etwas auf Englisch sagt, kann Tine ihn zwar hören, aber nicht verstehen. Sie muss diese Sprache erst lernen.

Wir schreiben in Sätzen

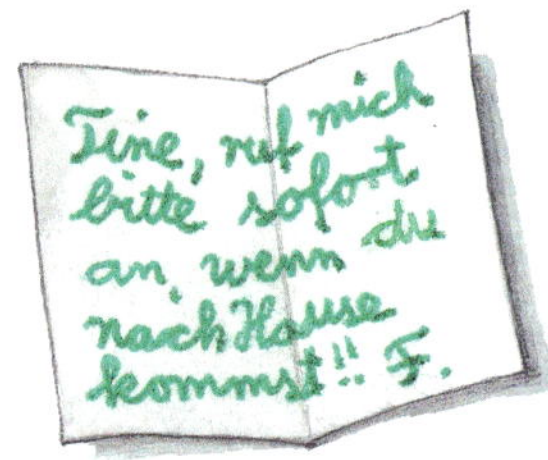

Manchmal möchte man einem Freund etwas sagen, der aber gerade nicht da ist. Dann haben wir die Möglichkeit, die Sprache mithilfe der Schrift festzuhalten. So können wir Nachrichten hinterlassen oder Mitteilungen an einen weit entfernten Ort schicken.

Lange bevor man sich auf unsere heutigen Schriftzeichen einigte, gab es schon Bildzeichen. Durch die Bilderschrift im alten Ägypten zum Beispiel erfahren wir heute vieles über das Leben der Menschen in dieser vergangenen Zeit. Die Schriften änderten sich im Laufe der Jahrhunderte und auch die Schreibgeräte wurden andere.

Wir benutzen heute eine Schrift, die aus 26 Buchstaben und den Umlauten (ä, ö, ü) besteht. Wie wir diese Buchstaben in die richtige Reihenfolge bringen, sodass wir Wörter und Sätze aufschreiben können, lernen wir in der Schule.

Es gibt allerdings auch heute noch viele Kinder und Erwachsene auf der Welt, die keine Möglichkeit haben Schriftzeichen zu lernen. Sie können also nicht schreiben und lesen.

Wenn wir etwas aufschreiben, müssen wir genau sein. Wir wollen nicht, dass beim Leser Missverständnisse entstehen. Deshalb müssen wir alles Wichtige beschreiben und erklären. Wenn wir uns unterhalten, ist das nicht so notwendig. Denn man kann fragen, wenn etwas unklar ist. Manchmal genügt ein Stück aus einem Satz oder sogar nur ein Wort, um sich verständlich zu machen. Die Situation spricht für sich.

Wenn wir sprechen, zeigen wir durch unsere Stimme und durch Pausen, wann ein Satz zu Ende ist. Beim Schreiben benutzen wir vollständige Sätze und Satzzeichen. In einem Text schließt man den Erzählsatz mit einem Punkt ab. Am Ende eines Fragesatzes setzt man ein Fragezeichen. Wer jemanden auffordern will, der verwendet als Satzzeichen ein Ausrufezeichen.

Tine drehte sich zu mir um. Den kleinen Graben vor sich hatte sie nicht gesehen. Ich schrie ganz laut: „Vorsicht!"

Alle Sätze sind nach einem ganz bestimmten Plan gebaut. Die einzelnen Satzteile sind genau aufeinander abgestimmt. Die Sprache ist wie ein Puzzle mit vielen Teilen. Nur die richtigen Teile mit einer ganz bestimmten Form passen zusammen. Probiers doch einmal aus!

Wie man diese Teile erkennt und wie sie heißen, könnt ihr mit diesem Buch lernen.

Die Arbeit mit diesem Buch

Es gibt verschiedene Möglichkeiten zu üben:

1. Du kannst mit dem ersten Kapitel auf Seite 18 beginnen und eine Doppelseite nach der anderen bearbeiten. Dann hast du alle wichtigen Gebiete der Grammatik für deine Altersstufe wiederholt.

2. Wenn du in der Schule schon viel gelernt hast und nur einige Lücken schließen willst, kannst du im Inhaltsverzeichnis die entsprechenden Kapitel heraussuchen und anschließend bearbeiten.

3. Weißt du nicht genau, wo deine Lücken sind? Dann überprüfe dein Wissen mit dem Test zu den Satzarten und Satzgliedern (Seite 66).

4. Auch zum Nachschlagen kannst du dieses Buch verwenden.

So arbeitest du mit den einzelnen Kapiteln:

1. Sieh dir bei jeder neuen Übung das Bild auf der linken Seite an. Welche Situation wird dargestellt? Lies die Sätze in den Sprechblasen. Einige Wörter oder Satzteile sind farbig hervorgehoben. Auf sie musst du besonders achten.

2. Lies die Merksätze und die Beispiele im gelben Kasten aufmerksam durch. Decke sie ab und überprüfe, ob du das Wichtigste mit deinen eigenen Worten wiederholen kannst. Der rote Pfeil weist dich auf wichtige Merksätze hin.

3. Bearbeite eine Aufgabe nach der anderen. Schreibe deine Lösungen auf die Linien. Benutze einen weichen Bleistift. Dann kannst du deine Fehler leicht korrigieren.

4. Dieses Zeichen bedeutet, dass du ein Blatt Papier oder ein Heft brauchst.

5. Aufgepasst! Das Ausrufezeichen steht bei besonders kniffligen Aufgaben.

6. Achte auf die Hinweise, die dir das schlaue Huhn Berta gibt.

7. Im ganzen Buch gibt es verschiedene Spiele mit mehreren Mitspielern. Lade dazu deine Freunde ein.

8. Wenn du die Aufgaben der beiden Doppelseiten bearbeitet hast, kannst du deine Lösungen überprüfen. Den Lösungsteil findest du ab Seite 70.

9. Auf den Seiten 62 bis 65 findest du in einer Übersicht, was wir festgestellt haben. Hier kannst du alles noch einmal wiederholen und festigen.

10. Wenn du gelernt hast die verschiedenen Satzarten und Satzglieder zu bestimmen, kannst du dein Wissen mit einem Test (Seite 66–69) überprüfen.

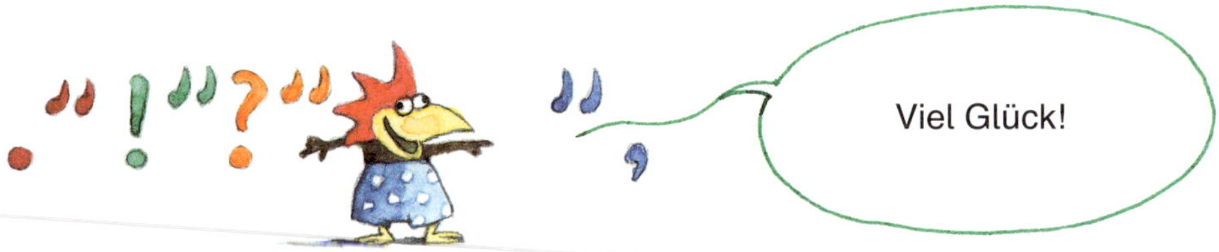

11. Zum Nachschlagen und Lernen findest du auf den Seiten 79–80 eine Liste mit den wichtigsten Fachbegriffen der Grammatik in deutscher und lateinischer Sprache.

Wortarten

Nur wer die verschiedenen Wortarten kennt, kann auch den Satz und seine Teile untersuchen.
Zur Wiederholung findest du hier einen Überblick:

Diese Wörter können ihre Form verändern, je nachdem wie sie im Satz gebraucht werden:

Das Namenwort (Nomen, Substantiv)

Personen, Tiere, Pflanzen und Dinge haben einen Namen. Auch für das, was wir fühlen, denken oder uns vorstellen, haben wir einen Namen.

Felix Tulpe Tine Schultasche Angst Dinosaurier Wut Liebe

Der Begleiter (Artikel)

Namenwörter haben **bestimmte** oder **unbestimmte** Begleiter. Sie geben an, zu welchem grammatikalischen Geschlecht die Namenwörter gehören: männlich, weiblich oder sächlich.

das der ein eine die ein

Das Fürwort (Pronomen)

Fürwörter können Namenwörter vertreten. Sie stehen für eine Person, ein Tier, eine Pflanze, eine Sache.

er sie du es wir ihr ich

Das Eigenschaftswort (Adjektiv)

Eigenschaftswörter sagen, wie Menschen, Tiere, Pflanzen oder Dinge sind und welche Eigenschaft sie haben. Eigenschaftswörter können auch die Art einer Tätigkeit oder ein Verhalten beschreiben.

schlau schnell bunt langsam rot freundlich

Das Zeitwort (Tunwort, Verb)

Was Menschen, Tiere, Pflanzen und Dinge tun, drückt man mit Zeitwörtern aus. Sie werden auch Tunwörter genannt. Mit ihnen sagt man, ob etwas gerade geschieht, vergangen ist oder erst später geschehen wird.

stehen kochen kriechen wachsen denken wollen

Diese Wörter können ihre Form nicht verändern:

Das Verhältniswort (Präposition)

Das Verhältniswort drückt das zeitliche und räumliche Verhältnis von Personen oder Dingen zueinander aus. Es kann vor einem Namenwort oder vor einem Fürwort stehen.

vor

auf hinter in unter

zu

Das Bindewort (Konjunktion)

Mit Bindewörtern kann man Wörter, Wortgruppen und Sätze miteinander verbinden.

sondern

weil

wenn und oder dass

Das Umstandswort (Adverb)

Umstandswörter können den Ort, die Zeit, die Art und Weise und den Grund beschreiben. Man kann sie im Satz allein umstellen.

darum gestern

dort bald

mittags sehr

Überprüfe dein Wissen

1. Zu welcher Wortart gehören diese Wörter?

glauben, Freundin, halten, glücklich, fragen, Unfall, stolz, mutig, Feuer

Sortiere ein.

Namenwort/ Substantiv	Zeitwort/ Verb	Eigenschaftswort/ Adjektiv
....	....	....
....	....	....
....	....	....
....	....	....

2. Schreibe unter jedes Wort des Satzes die Wortart.

Der	Lehrer	schreibt
....	....	....
heute	lange	Sätze.
....	....	....

Satzarten

Tine steckt Felix einen Zettel zu:

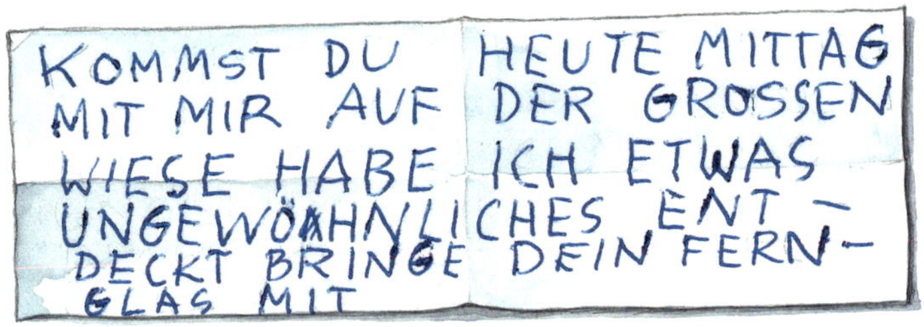

1. Man spricht und schreibt in Sätzen. Einzelne Wörter ergeben meist noch keinen Sinn. Beim Sprechen kann man durch die Stimmführung oder durch die Sprechpausen hören, wann ein Satz endet oder ein neuer beginnt. Beim Schreiben werden Sätze durch **Satzzeichen** voneinander getrennt.

2. Mit Sätzen kann man etwas erzählen, berichten, fragen, befehlen, wünschen, fordern und rufen. Man unterscheidet verschiedene Satzarten.

   1. Der **Fragesatz** endet mit einem Fragezeichen.
   Kommst du heute Mittag mit mir?

   2. Der **Aussage-** oder **Erzählsatz** wird mit einem Punkt abgeschlossen. Auf der großen Wiese habe ich etwas Ungewöhnliches entdeckt.

3. Nach dem **Aufforderungs-** und dem **Ausrufesatz** steht ein Ausrufezeichen. Bring dein Fernglas mit!

1. Beschreibe in mindestens fünf Sätzen, was Felix und Tine auf der großen Wiese beobachten. Setze hinter jeden Aussagesatz einen dicken, roten Punkt!

2. Felix und Tine können sich mit den Außerirdischen unterhalten. Sie wollen viel wissen. Welche Fragen würdest du stellen? Schreibe drei Fragen auf, die man nur mit „Ja“ oder „Nein“ beantworten kann.

....

....

....

....

Schreibe drei Fragesätze auf, die mit einem Fragewort beginnen.

....

....

....

....

3. Felix und Tine dürfen sich von den Außerirdischen etwas wünschen. Um was würdest du sie bitten? Schreibe wörtlich auf. Vergiss das Ausrufezeichen hinter deinen Aufforderungssätzen nicht!

....

....

....

....

4. Unterscheide die Satzarten, indem du die richtigen Satzzeichen einsetzt.

Lieber Stefan,
stell dir vor, gestern entdeckten Tine und ich auf der großen Wiese hinter dem Sportplatz ein Raumschiff .... Du wirst es kaum glauben, aber wir konnten uns mit den Außerirdischen unterhalten .... Wir stellten eine ganze Menge Fragen und durften uns sogar etwas wünschen .... Wann kommst du vorbei, damit ich dir den Landeplatz zeigen kann .... Kannst du deine Lupe mitbringen .... In meiner Klasse meinen alle, wir hätten geträumt .... Aber ich werde dir die Beweisstücke zeigen .... Du musst mir einfach glauben .... Dein Felix

Fragesätze

1. Wenn Fragesätze mit dem Zeitwort (Verb) beginnen, kann man mit ja, nein, vielleicht … antworten. Man muss sich entscheiden. Diese Fragen nennt man deshalb **Entscheidungsfragen**.

   Kommst du heute Nachmittag?

   Nein, ich habe Unterricht.

2. Wenn man nähere Einzelheiten wissen will, muss man mit einem Fragewort beginnen: wann, wo, wohin, wen, …
   Diese Fragen heißen **Ergänzungsfragen**.

   Wann besuchst du mich? Ich komme morgen.

1. Verbinde die Fragesätze mit den richtigen Antwortsätzen. Vorsicht, eine Antwort ist falsch!

Wie viele Stunden Deutsch hat Felix?

An welchen Tagen hat er 5 Stunden Unterricht?

Kann er samstags nach der 2. Stunde nach Hause gehen?

Beginnt der Unterricht jeden Tag mit der ersten Stunde?

Hat er freitags Sport?

Ja, der Unterricht beginnt jeden Tag mit der ersten Stunde.

Er hat 5 Stunden Deutsch.

Nein, freitags hat er keinen Sportunterricht.

Er hat 7 Stunden Deutsch

Ja, samstags kann er nach der 2. Stunde nach Hause gehen.

Am Mittwoch und am Donnerstag hat er 5 Stunden Unterricht.

2. Schreibe deine Antwortsätze auf.
Achte darauf, in ganzen Sätzen zu antworten!

Wen würdest du gerne einmal treffen?

....

Welche Musik hörst du am häufigsten?

....

Wann machst du deine Hausaufgaben?

....

Wie oft gehst du zum Zahnarzt?

....

3. Wandle diese Aussagesätze in Fragesätze um.
Vergiss das Fragezeichen nicht!

Felix geht in die Bibliothek.

Geht ....

Die Kriminalgeschichte ist spannend.

....

Bald muss er das Buch zurückbringen.

....

4. Such dir Mitspieler. Schreibt zusammen lustige Kriminalgeschichten.

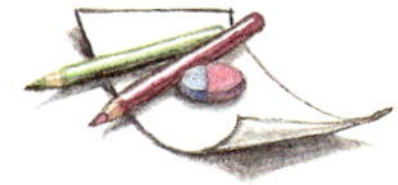

So wird gespielt: Faltet ein Papier so, dass sechs Spalten entstehen. Beschriftet sie wie im Beispiel. Auf „Los“ füllt zunächst jeder die erste Spalte aus und knickt sie nach hinten. Wenn alle fertig sind, gebt ihr das Blatt an euren linken Nachbarn weiter. Wenn alle Spalten ausgefüllt sind, werden die Geschichten vorgelesen. Viel Spaß!

Aufforderungssätze

1. Zeitwörter (Verben) können eine Befehlsform bilden: Gib! Lauf! Werft!
   Mit dieser Form kann man nicht nur **befehlen**, sondern auch **bitten**, **wünschen** und **auffordern**:
   Fall nicht! Bitte hol es! Passt auf!

2. Im **Aufforderungssatz** wird jemand aufgefordert, etwas zu tun.
   Bei nicht verwandten oder befreundeten Erwachsenen gebraucht man das Anredefürwort „Sie“:
   Helfen Sie mir bitte!

1. Kennst du noch mehr Aufforderungen, die sich Kinder anhören müssen? Schreibe sie auf und unterstreiche die Befehlsform des Zeitwortes.

2. Schreibe auf, was die Personen in der jeweiligen Situation wörtlich sagen. Unterstreiche das Zeitwort. Dein Vater bittet dich, ihm beim Geschirrabtrocknen zu helfen. Schreibe so: „Hilf mir bitte beim Geschirrabtrocknen!"

Du bist mit den Hausaufgaben noch nicht ganz fertig. Dein Freund will mit dir spielen. Du bittest ihn, noch ein paar Minuten zu warten.

„Warte ....

....

Du erklärst deinen Freunden eine neue Spielregel. Du willst, dass alle genau aufpassen.

....

....

Deine Mutter ist im Flur über deine Rollschuhe gestolpert. Sie fordert dich streng auf, die Rollschuhe wegzustellen.

....

....

....

In der Schule bittest du den Lehrer, dir zu helfen.

....

....

3. Felix will Pfannkuchen backen. Schreibe auf, welche Anweisungen seine Mutter ihm gibt. Unterstreiche die Zeitwörter.

Zutaten
2 Tassen Mehl
1 1/2 Tassen Milch
2 Eier
etwas Bratfett

Zubereitung
Mehl, Milch und Eier zu einem glatten Teig verrühren, Fett in der Pfanne erhitzen, etwas Teig in die Pfanne geben, Pfannkuchen wenden. Wenn beide Seiten knusprig sind, auf einen Teller heben.

Verrühre Mehl, Milch und Eier zu einem Teig!

....

....

....

....

....

....

Satzglieder

1. Innerhalb eines Satzes stehen die Wörter in einer bestimmten Reihenfolge und in einer bestimmten Form. Manche Wörter gehören im Satz zusammen und können nur zusammen umgestellt werden. Solche Satzteile nennt man **Satzglieder**.

2. Beim **Umstellen** der Satzglieder bleibt der Sinn des Satzes erhalten.

3. Wenn man ein Satzglied durch ein anderes **ersetzt**, kann sich der Sinn des Satzes verändern.

1. Die Kinder wechseln mit ihren Schildern so oft wie möglich ihren Platz. Schreibe die beiden Sätze unten auf. Umrande die Satzglieder. Wie viele Sätze kannst du noch bilden? Kann Felix mit seinem roten Schild auch an dritter Stelle stehen?

!

2. Die Wörter der folgenden zwei Sätze sind nach dem Alphabet geordnet. Bringe sie in eine sinnvolle Reihenfolge. Schreibe die verschiedenen Möglichkeiten auf und umrande die Satzglieder. Kontrolliere mit der Umstellprobe.

BUCH EIN FREUND IHREM SCHENKT SCHÖNES TINE.

....

....

....

....

BLUMEN FÜR ICH MEINE MORGEN MUTTER PFLÜCKE SCHÖNE.

....

....

....

....

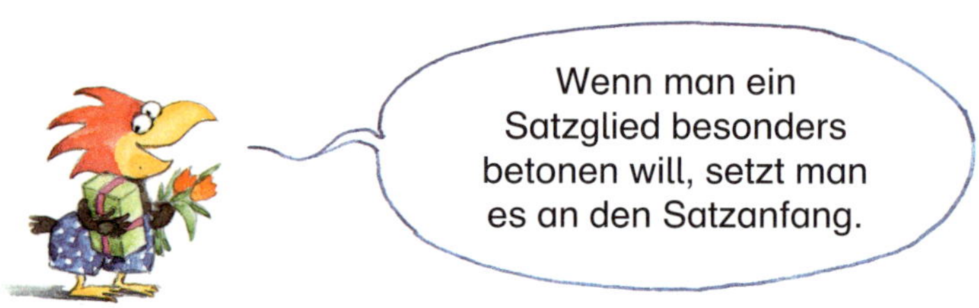

3. Felix und Tine sollen mit diesen Satzgliedern möglichst viele unterschiedlich gebaute Sätze legen. Schreibe die Möglichkeiten auf.

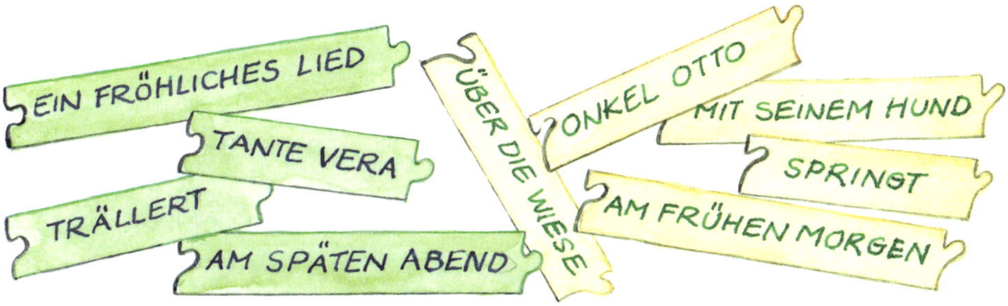

4. Ersetze jeweils ein Satzglied durch ein anderes. Dabei verändert sich der Sinn des Satzes. Schreibe die veränderten Sätze auf.

Hans leiht Felix ein Buch. Tine leiht Felix ein Buch.

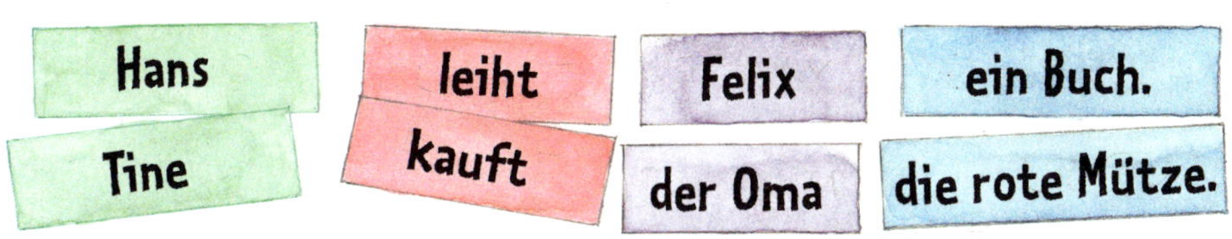

Satzgegenstand und Satzaussage

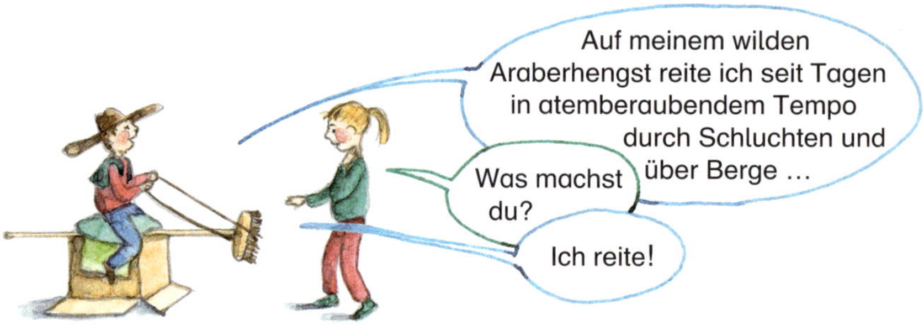

1. Ein vollständiger Satz braucht nur zwei Satzglieder: den **Satzgegenstand** (das Subjekt) und die **Satzaussage** (das Prädikat).

2. Diese beiden Satzglieder kann man leicht erkennen, wenn man nach ihnen fragt.
   Mit der Frage „Wer oder was macht etwas?" findet man das Satzglied, das man Satzgegenstand oder Subjekt nennt.
   Mit den Fragen: „Was tut derjenige?" oder „Was wird über ihn ausgesagt?" findet man das Satzglied, das man Satzaussage oder Prädikat nennt.

3. Der Satzgegenstand (das Subjekt) besteht aus einem Namenwort oder einem Fürwort.

4. Die Satzaussage (das Prädikat) besteht aus einem Zeitwort in der Personalform. In einem Aussagesatz steht sie immer an zweiter Stelle: Felix baut. Er baut.

1. Wer oder was ist gemeint? Suche den „Täter".

2. Die Satzgegenstände sind vertauscht. Suche die richtigen „Täter". Schreibe die sinnvollen Sätze auf.

Der mutige Dompteur balanciert mit seiner Stange.

Der lustige Clown hält den brennenden Reifen.

Das zierliche Mädchen stolpert über seine großen Füße.

Der geschickte Seiltänzer reitet auf dem weißen Pferd.

....

....

....

....

....

....

3. Welcher Satzgegenstand passt zur Satzaussage „lacht“? Schreibe die richtigen und sinnvollen Sätze auf. Streiche den Satzgegenstand grün und die Satzaussage rot an.

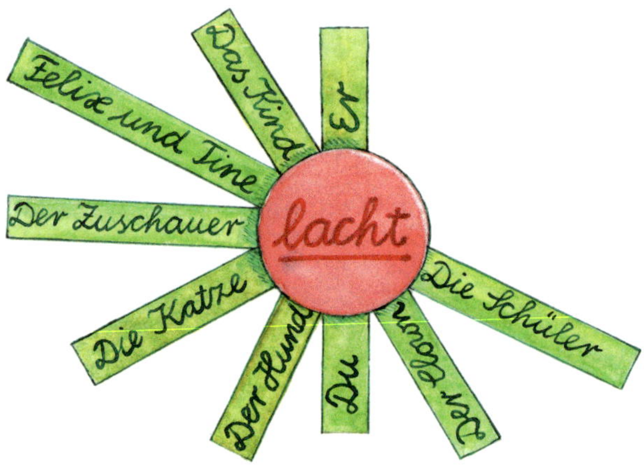

Die Satzaussage und der Satzgegenstand müssen in ihrer Form (Person / Einzahl / Mehrzahl) und ihrem Sinn zueinander passen.

4. Felix hat Sätze mit verschiedenen Satzgliedern gelegt. Berta hat die Kärtchen mit den Satzaussagen weggenommen. Kannst du diese wichtigen Teile an den richtigen Stellen wieder einfügen?
Schreibe die Sätze vollständig auf. Umrande jeweils den Satzgegenstand grün und die Satzaussage rot.

Johannes | am Abend | vor dem Fernseher.

Plötzlich | es | im Hintergrund.

Johannes | erschrocken | in das dunkle Zimmer.

Seine Schwester | hinter ihm.

knallt | steht | sieht | sitzt

....

....

....

....

....

....

....

Zweiteilige Satzaussage

1. Die Satzaussage (das Prädikat) kann aus zwei Teilen bestehen.
   Die **Personalform** des Zeitwortes (Verbs) steht **an zweiter Stelle** im Satz. Die **Restform** befindet sich **am Ende** des Satzes.
   Die beiden Teile umklammern die dazwischenliegenden Satzglieder:
   Er hat Tine am Bahnhof abgeholt.

2. Auch **zusammengesetzte Zeitwörter** (Verben), zum Beispiel „abholen", „anrufen", „wegwerfen", können im Satz in ihre beiden Teile **zerlegt** werden. Die Vorsilbe rückt an das Ende des Satzes:
   Er holt Tine am Bahnhof ab.

1. Dieses Mädchen kommt aus einem anderen Land. Es hat Schwierigkeiten mit dem Satzbau. Was macht es falsch? Schreibe die Sätze verbessert auf. Verbinde die beiden Teile der Satzaussage mit einer Klammer.

2. Felix hat Sätze aus dem Englischen übersetzt. Er hat sie Wort für Wort umgewandelt. Aber im Deutschen sind die Sätze so nicht richtig. Schreibe sie verbessert darunter und unterstreiche jeweils die Satzaussage rot.

1. He will come to me.
Er wird kommen zu mir.

2. She has given me a pencil.
Sie hat gegeben mir einen Füller.

3. The man has got a new book.
Der Mann hat bekommen ein neues Buch.

3. Stelle die Satzglieder um. Was wird aus den beiden Teilen der Satzaussage? Verbinde jeweils die beiden Teile der Satzaussage mit einer Klammer.

Tine	zeichnet	dem Mädchen	den Weg	auf.
Den Weg				
Dem Mädchen				

4. Hier stimmt doch etwas nicht! Wie heißt jeweils die Grundform des Zeitwortes? Wie müssen die Sätze richtig heißen? Schreibe auf.

Der Schüler holt den Satz wieder.
Die Dolmetscherin setzt das Gespräch über.
Das schnelle Auto holt den Lastwagen über.

Bei unbetonter Vorsilbe wird das Zeitwort nicht getrennt: ich überhole – ich hole ab.

Ergänzungen

1. Die meisten Zeitwörter (Verben) verlangen im Satz noch eine oder mehrere Ergänzungen (Objekte). Wenn diese Ergänzungen (Objekte) fehlen, hat man noch Fragen. Der Satz wirkt unvollständig:

   Tine sucht Wen? oder Was? ein Buch.

2. Die Namenwörter (Substantive) und ihre Begleiter (Pronomen) stehen auf die Frage „Wen?" oder „Was?" im Wenfall (Akkusativ). Man nennt die Antwort deshalb **Wen-/Was-Ergänzung** (Akkusativ-Objekt):

   Tine findet Wen? oder Was? das Buch.

3. Auf die Frage „Wem?" steht die **Wem-Ergänzung** (das Dativ-Objekt):

   Tine leiht das Buch Wem? Felix.

4. Auch Fürwörter (Pronomen) können Ergänzungen (Objekte) sein:

   Ich suche Wen? oder Was? dich.

1. Setze die Puzzleteile zu zwei sinnvollen Sätzen zusammen. Schreibe sie auf und unterstreiche jeweils die Wen- / Was-Ergänzungen blau und die Wem-Ergänzungen braun.

2. Stelle Fragekärtchen her. Du kannst sie auf Seite 77 ausschneiden oder sie selbst aus buntem Karton herstellen. Lege die Fragekärtchen unter die jeweiligen Satzglieder und benenne danach das einzelne Satzglied.

Ich bringe dem Huhn die Körner.

wem?	wen oder was?

Die Kinder schenken dem Lehrer ein Buch.

Die Mutter erklärt Felix die Aufgabe.

3. Bestimme auch die Ergänzungen dieser drei Sätze mithilfe deiner Fragekärtchen.

Dem Lehrer gebe ich sein Buch zurück.

Der Nachbar schenkt mir Kirschen.

Meiner Oma kaufe ich einen Sonnenhut.

4. Stelle aus diesen Satzbausteinen sinnvolle Sätze zusammen.

Umstandsbestimmungen

1. Viele Sätze enthalten Angaben zum Ort, zur Zeit oder zur Art und Weise, wie etwas geschieht.
2. Satzteile, die auf die Fragen „Wann?“, „Wie lange?“, „Seit wann?“ Antwort geben, nennt man **Zeitangaben** oder Umstandsbestimmungen der Zeit.
3. Durch die Fragen „Wo?“, „Wohin?“ oder „Woher?“ bestimmt man die **Ortsangaben** oder die Umstandsbestimmungen des Ortes.
4. Satzglieder, die bestimmen, wie etwas geschieht, nennt man Artangaben oder Umstandsbestimmungen der Art und Weise.

1. Unterstreiche alle Ortsangaben.

Es war einmal ein Mann

Es war einmal ein Mann,
der hatte einen Schwamm.
Der Schwamm war ihm zu nass,
da ging er auf die Gass'.
Die Gass' war ihm zu kalt,
da ging er in den Wald.
Der Wald war ihm zu grün,
da ging er nach Berlin.
Berlin war ihm zu voll,
da ging er nach Tirol.
Tirol war ihm zu klein,
da ging er wieder heim.
Daheim wars ihm zu nett,
da legt er sich ins Bett.
Im Bett war eine Maus
und die Geschicht' ist aus.

2. In diesem Text findest du fünf Zeitangaben. Unterstreiche sie.

Tine erzählt: „Morgen werde ich als Prinzessin auf die Faschingsfeier gehen. Während der Ferien nähte mir meine Mutter das Kostüm. Meine Krone bastele ich heute Abend. Seit zwei Wochen freue ich mich schon riesig auf das Faschingsfest. Hoffentlich kann ich heute Nacht trotz der Aufregung schlafen."

3. Hinter jedem Satz findest du in Klammern zwei Artangaben. Wähle jeweils die passende aus und setze sie in die Lücke im Text ein.

Die Kinder kommen am Samstagnachmittag …………………… in die Schule (vergnügt, mit Angst). Zuerst schmücken sie …………………… das Klassenzimmer (planmäßig, liebevoll). …………………… warten schon die Gäste vor der Tür (widerwillig, ungeduldig). Um 15 Uhr wird das Fest …………………… eröffnet (mit viel Ärger, pünktlich).

4. Suche dir Mitspieler. Teilt ein Blatt in vier Spalten ein und beschriftet sie mit den Fragen. Jeder von euch beantwortet immer nur eine Frage, klappt die Spalte nach hinten und gebt das Blatt weiter. Ist eine Reihe ausgefüllt, wird der Satz vorgelesen.

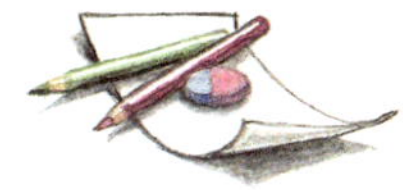

Satzverbindungen und Satzgefüge

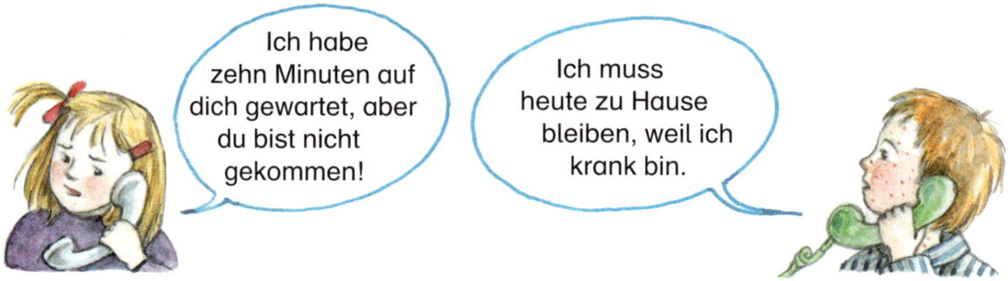

1. Vollständige Sätze kann man miteinander **verbinden**. Zwischen den Sätzen steht dann ein Komma. Meistens benutzt man auch ein **Bindewort**, zum Beispiel „und“, „denn“, „aber“, „oder“:

   1. Satz: Tine möchte mit Felix spielen.

   2. Satz: Felix ist krank.

   Tine möchte mit Felix spielen, aber Felix ist krank.

2. Man kann Sätze auch so verbinden, dass der eine vom anderen abhängig ist. Ein solches Satzgefüge besteht aus einem **Hauptsatz** und einem **Gliedsatz**.
   Ein Gliedsatz kann nicht alleine stehen.
   Er wird einem Hauptsatz angegliedert.
   Gliedsätze beginnen mit einem **Einleitewort**, zum Beispiel „dass“, „wenn“, „als“, „weil“:
   Felix liegt im Bett, weil er krank ist.

1. Finde einen passenden Hauptsatz zu den Gliedsätzen und schreib das Satzgefüge auf.

2. Verbinde jeweils zwei passende Sätze durch ein Bindewort. Schreibe die Satzverbindungen auf.

und – denn – doch – aber

Tine zieht sich warm an.
Felix möchte ein Buch kaufen.
Der Lehrer liest eine Geschichte vor.
Tine möchte mit dem Fahrrad fahren.

Die Kinder hören aufmerksam zu.
Felix fährt lieber mit den Rollschuhen.
Es ist heute sehr kalt.
Sein Taschengeld reicht nicht.

3. Vervollständige die Sätze.

Ich hoffe, dass ...

Ich glaube, dass

Ich wünsche, dass

Ich wette, dass

4. Gliedere diesen Bandwurm durch Satzzeichen.
Schreib die Sätze in Groß- und Kleinbuchstaben auf.

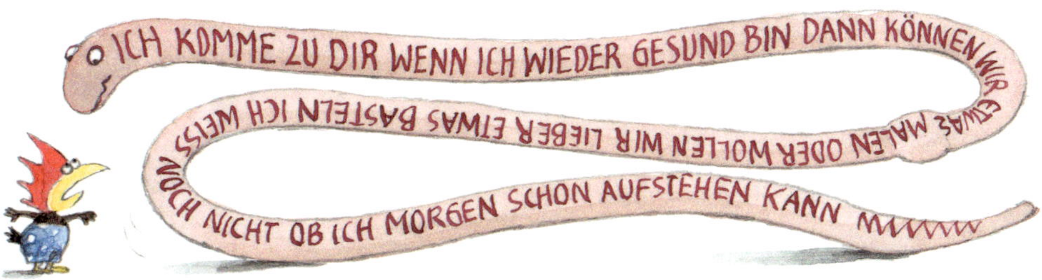

Die wörtliche Rede

Ängstlich flüsterte mein kleiner Bruder: „Ich glaube, auf dem Dachboden sind Gespenster." „So ein Unsinn", antwortete ich energisch, „wo sollen die denn herkommen!" Er wollte

1. In der wörtlichen Rede werden gesprochene oder gedachte Wörter und Sätze wörtlich aufgeschrieben. Die wörtliche Rede wird im Text durch Anführungszeichen „ und Schlusszeichen “ gekennzeichnet.

2. Im **Begleitsatz,** der **vor**, **hinter** oder **zwischen** der wörtlichen Rede stehen kann, wird berichtet, wer spricht und wie gesprochen wird:

   Felix flüsterte: „Ich komme heute und bringe das Buch.“

   „Ich komme heute und bringe das Buch“, flüsterte Felix.

   „Ich komme heute“, flüsterte Felix, „und bringe das Buch.“

1. Unterstreich die wörtliche Rede rot, den Begleitsatz grün. Schreibe deinen Lieblingswitz auf. Achte auf die Satzzeichen!

Kurz nach Weihnachten kommt Tine in die Buchhandlung. „Ich möchte gern einen richtig spannenden Kriminalroman kaufen“, sagt sie. Die Verkäuferin meint besorgt: „Aber das ist doch nichts für dich.“ „Ich möchte ihn ja auch für meinen Vater haben“, erklärt Tine, „denn seit Heiligabend spielt er mit meiner Eisenbahn. Jetzt will ich sie auch mal haben.“

Der Lehrer sieht Peter mit einem klapprigen, uralten Fahrrad über den Schulhof fahren. „Sag mal“, fragt er, „ist dein Fahrrad in der letzten Zeit mal überholt worden?“ „Na klar“, antwortet Peter, „vor allem von Felix mit seinem schnellen Rennrad.“

2. Setze die Begleitsätze jeweils hinter die wörtliche Rede. Achte auf die Satzzeichen!

Tine fragt: „Kommst du heute zu mir?"

„Kommst du heute zu mir?", fragt Tine.

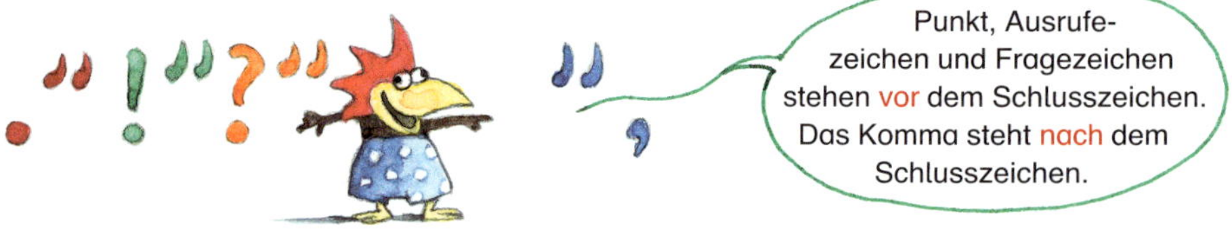

Felix antwortet: „Heute muss ich in die Flötenstunde."

Tine ruft: „Ich muss dir dringend etwas zeigen!"

Felix fragt neugierig: „Was willst du mir denn zeigen?"

Tine meint: „Das bleibt mein Geheimnis."

3. Felix und Tine streiten sich. Schreibe wörtlich auf, was sie sprechen, schimpfen und schreien. Vergiss die Begleitsätze nicht!

4. Setze die Satzzeichen ein.

Berta fragt … Warum nennt man eigentlich die Satzzeichen der wörtlichen Rede auch Gänsefüßchen …

… Hühnerfüßchen wären viel zu klein … sagt Tine.

Das haben wir festgestellt

Man kann verschiedene **Satzarten** unterscheiden:

Aussage- oder Erzählsatz: Berta singt.

Fragesatz: Singt Berta?

Aufforderungs- und Ausrufesatz:

Berta, sing bitte! Juhu, Berta singt!

Ein Satz besteht aus mehreren **Satzgliedern**. Satzglieder kann man umstellen, ohne dass sich der Sinn des Satzes verändert:

Tine bringt ein Buch. Ein Buch bringt Tine.

Satzglieder kann man **ersetzen**. Dann ändert sich der Sinn des Satzes:

Tine bringt einen Kuchen. Tine bringt ein Buch.

Um einen vollständigen Satz zu bilden, braucht man mindestens zwei Satzglieder – den **Satzgegenstand (das Subjekt)** und die **Satzaussage (das Prädikat)**: Felix turnt.

Nach dem Satzgegenstand (dem Subjekt) fragt man: „Wer oder was macht etwas?“
Nach der Satzaussage (dem Prädikat) fragt man: „Was macht derjenige?“ oder: „Was wird über ihn ausgesagt?“

Der Satzgegenstand und die Satzaussage (das Subjekt und das Prädikat) müssen in ihrer Form (Person und Zahl) übereinstimmen:

Der Junge baut. (3. Person Einzahl)

Die Jungen bauen. (3. Person Mehrzahl)

Die Satzaussage (das Prädikat) ist im Erzählsatz immer das zweite Satzglied:

Felix spielt mit den Kindern. Mit den Kindern spielt Felix.

Die Satzaussage kann aus zwei Teilen bestehen:

Tine will ein Buch kaufen. Felix kauft ein Brot ein.

Oft muss man den Satz durch eine oder mehrere **Ergänzungen (Objekte)** vervollständigen. Viele Zeitwörter verlangen Ergänzungen (Objekte):

Felix schenkt mir ein Bild.

Auch diese Satzglieder kann man erfragen:

„Wem schenkt Felix ein Buch?“

„Wen oder was schenkt mir Felix?“

Man kann Sätze durch Angaben zum Ort, zur Zeit und zur Art und Weise erweitern. Man nennt diese Angaben **Umstandsbestimmungen**:

Heute ging Tine fröhlich zur Schule.

Man fragt:

„Wann ging Tine fröhlich in die Schule?“

„Wie ging sie heute in die Schule?“

„Wohin ging sie heute fröhlich?“

Man kann **zwei Sätze** mit einem Bindewort **verbinden**:

Tine geht heute schwimmen und Felix muss in den Turnunterricht.

Man kann **Sätze** so **zusammenfügen**, dass der eine vom anderen abhängig ist:

Tine glaubt, dass sie heute Zeit hat.

Gliedsätze können nicht alleine stehen und beginnen mit einem Einleitewort, zum Beispiel „dass“, „wenn“, „als“, „weil“.

In der **wörtlichen Rede** gibt man gesprochene oder gedachte Wörter und Sätze wörtlich wieder. Im Begleitsatz erfährt man etwas über den Sprecher. Der Begleitsatz kann vor, hinter oder zwischen der wörtlichen Rede stehen:

Felix sagt: „Ich komme gleich und hole dich.“

„Ich komme gleich und hole dich“, sagt Felix.

„Ich komme gleich“, sagt Felix, „und hole dich.“

Überprüfe dein Wissen

1. Die Kinder haben eine Höhle entdeckt.
2. Tine bringt Felix die große Taschenlampe.
3. Neugierig untersucht er das Gelände.
4. Wie viele Eingänge gibt es eigentlich?
5. Kann man in die Höhle hineinkriechen?
6. „Halt“, ruft Tine, „das ist doch viel zu gefährlich!“
7. Felix wirft einen Stein durch die Öffnung.
8. Er kann den Aufprall hören.
9. Tine holt ihren neuen Ball.
10. „Lass uns lieber Fußball spielen!“, schlägt sie vor.
11. „Ich glaube, dass die Höhle ein Fuchsbau ist.
12. Füchse wollen ihre Ruhe haben.“

Lies den Text auf der linken Seite. Bearbeite anschließend diese zwölf Aufgaben. Schreibe die Lösungen auf.

1. Schreibe den ersten Satz auf. Umrande die beiden Teile der Satzaussage (des Prädikats) und verbinde sie durch eine Klammer.

Die Kinder haben eine Höhle entdeckt

2. Wie heißt der Satzgegenstand (das Subjekt) im ersten Satz?

Die Kinder

3. Schreibe den zweiten Satz ab. Umrande die einzelnen Satzglieder. Wie viele Ergänzungen (Objekte) verlangt hier das Zeitwort (Verb) „bringt"?

Sub. Prädi. Dativ Akkus.
Tine bringt Felix eine große
Taschenlampe
Akku.

4. Im dritten Satz findest du eine Artangabe. Welche?

Neugierig

5. Zu welcher Satzart gehören der vierte und der fünfte Satz?

Fragesätze

6. Schreibe den sechsten Satz ab und unterstreiche den Begleitsatz der wörtlichen Rede.

„Halt", ruf Tine, „dass ist do viel zu gefährlich"!"

7. Wie heißt im siebten Satz die Wen- / Was-Ergänzung (das Akkusativobjekt)?

einen Stein

8. Schreibe den Satzgegenstand (das Subjekt) des achten Satzes auf. Benenne die Wortart.

Er Substantiv

9. Schreibe den neunten Satz auf. Umrande die Satzglieder und benenne sie.

(Sub) Tine (Prä) halt (Akk) ihren neuen Ball Akkusativ

10. Der zehnte Satz endet mit einem Ausrufezeichen. Wie nennt man diese Satzart?

Auffordenungssatz

11. Schreibe den elften Satz ab und unterstreiche den Gliedsatz. Wie heißt das Einleitewort?

„Ich glaube, dass die Höhle ein Fuchsbau ist

12. Zu welcher Satzart gehört der zwölfte Satz?

Aussagesatz

Lösungshilfen

In diesem Teil findest du für die meisten Aufgaben Lösungen oder Vorschläge, die du mit deinen eigenen Lösungen vergleichen kannst. Zu Aufgaben, bei denen du eigene Einfälle haben solltest, erhältst du keine Antworten.

Seite 21

1. Namenwort / Substantiv: Freundin, Unfall, Feuer
Zeitwort / Verb: glauben, halten, fragen
Eigenschaftswort / Adjektiv: glücklich, stolz, mutig

2.

Der	Lehrer	schreibt	heute
Begleiter (Artikel)	Namenwort (Substantiv)	Zeitwort (Verb)	Umstandswort (Adverb)

lange	Sätze
Eigenschaftswort (Adjektiv)	Namenwort (Substantiv)

Seite 24–25

2. Entscheidungsfragen kann man nur mit „Ja“ oder „Nein“ beantworten. Sie beginnen mit einem Zeitwort. Beispielsätze:
Kommt ihr von einem anderen Stern?
Könnt ihr uns verstehen?
Esst ihr auch gerne Gummibärchen?

4. Lieber Stefan,
stell dir vor, gestern entdeckten Tine und ich auf der großen Wiese hinter dem Sportplatz ein Raumschiff! Du wirst es kaum glauben, aber wir konnten uns mit den Außerirdischen unterhalten. Wir stellten eine ganze Menge Fragen und durften uns sogar etwas wünschen. Wann kommst du vorbei, damit ich dir den Landeplatz zeigen kann? Kannst du deine Lupe mitbringen? In meiner Klasse meinen alle, wir hätten geträumt. Aber ich werde dir die Beweisstücke zeigen. Du musst mir einfach glauben. Dein Felix

Seite 27–28

1.

Wie viele Stunden Deutsch hat Felix?

An welchen Tagen hat er 5 Stunden Unterricht?

Kann er samstags nach der 2. Stunde nach Hause gehen?

Beginnt der Unterricht jeden Tag mit der ersten Stunde?

Hat er freitags Sport?

Ja, der Unterricht beginnt jeden Tag mit der ersten Stunde.

Er hat 5 Stunden Deutsch.

Nein, freitags hat er keinen Sportunterricht.

Er hat 7 Stunden Deutsch.

Ja, samstags kann er nach der 2. Stunde nach Hause gehen.

Am Mittwoch und am Donnerstag hat er 5 Stunden Unterricht.

3. Geht Felix in die Bibliothek?
Ist die Kriminalgeschichte spannend?
Muss er das Buch bald zurückbringen?

Seite 32–33

2. „Warte bitte noch ein paar Minuten, bis ich fertig bin!"
„Passt einmal alle genau auf!"
„Stell sofort die Rollschuhe weg!"
„Helfen Sie mir bitte!"

3. Verrühre Mehl, Milch und Eier zu einem Teig! Erhitze Fett in der Pfanne und gib etwas Teig hinein! Wende den Pfannkuchen nach ein paar Minuten! Wenn beide Seiten knusprig sind, hebe ihn auf den Teller!

Seite 35–37

1. Bei einer Umstellprobe | stehen | die Satzglieder | an verschiedenen Stellen

   Die Satzglieder | stehen | bei einer Umstellprobe | an verschiedenen Stellen

   An verschiedenen Stellen | stehen | bei einer Umstellprobe | die Satzglieder

   Die Satzglieder | stehen | an verschiedenen Stellen | bei einer Umstellprobe

Felix kann mit seinem Schild nicht an dritter Stelle stehen.

Das Zeitwort steht in einem Ausagesatz immer an zweiter Stelle.

2. Tine | schenkt | ihrem Freund | ein schönes Buch

   Ihrem Freund schenkt Tine ein schönes Buch.
   Ein schönes Buch schenkt Tine ihrem Freund.

   Ich | pflücke | für meine Mutter | schöne Blumen

   Für meine Mutter pflücke ich schöne Blumen.
   Schöne Blumen pflücke ich für meine Mutter.

3. Am späten Abend trällert Tante Vera ein fröhliches Lied.
Tante Vera trällert am späten Abend ein fröhliches Lied.
Ein fröhliches Lied trällert Tante Vera am späten Abend.

Am frühen Morgen springt Onkel Otto mit seinem Hund über die Wiese.
Onkel Otto springt mit seinem Hund am frühen Morgen über die Wiese.
Mit seinem Hund springt Onkel Otto am frühen Morgen über die Wiese.
Über die Wiese springt Onkel Otto am frühen Morgen mit seinem Hund.

4. Hans leiht der Oma ein Buch.
Hans leiht der Oma die rote Mütze.
Hans leiht Felix die rote Mütze.
Hans kauft Felix ein Buch.
Hans kauft der Oma ein Buch.
Hans kauft Felix die rote Mütze.

Tine leiht der Oma ein Buch.
Tine leiht Felix die rote Mütze.
Tine leiht der Oma die rote Mütze.
Tine kauft Felix ein Buch.
Tine kauft der Oma ein Buch.
Tine kauft Felix die rote Mütze.

Seite 39–41

1. die Uhr, der Wind

2. Der geschickte Seiltänzer balanciert mit seiner Stange.
Der mutige Dompteur hält den brennenden Reifen.
Der lustige Clown stolpert über seine großen Füße.
Das zierliche Mädchen reitet auf einem weißen Pferd.

3. Er lacht.
Das Kind lacht.
Der Zuschauer lacht.
Der Clown lacht.

4. Johannes sitzt am Abend vor dem Fernseher.
Plötzlich knallt es im Hintergrund.
Johannes sieht erschrocken in das dunkle Zimmer.
Seine Schwester steht hinter ihm.

Seite 43–45

1. Kannst du mir den Weg zeigen? Ich habe das Museum gesucht.
Mein Freund wollte mich dort abholen, aber er ist nicht gekommen.

2. Er wird zu mir kommen. er hat mir einen Füller gegeben.
Der Mann hat ein neues Buch bekommen.

3. Die beiden Teile der Satzaussage bleiben an derselben Stelle.
Tine zeichnet dem Mädchen den Weg auf.
Dem Mädchen zeichnet Tine den Weg auf.
Den Weg zeichnet Tine dem Mädchen auf.

4. Der Schüler wiederholt den Satz. (wiederholen)
Die Dolmetscherin übersetzt das Gespräch. (übersetzen)
Das schnelle Auto überholt den Lastwagen. (überholen)

Seite 47–49

1. Der Junge kauft seinem Bruder ein Heft.
Tine gibt dem Huhn die Körner.

2. Ich bringe dem Huhn die Körner.
dem Huhn: Wem-Ergänzung; die Körner: Wen-/Was-Ergänzung

Die Kinder schenken dem Lehrer ein Buch.
dem Lehrer: Wem-Ergänzung; ein Buch: Wen-/Was-Ergänzung

Die Mutter erklärt Felix die Aufgabe.
Felix: Wem-Ergänzung; die Aufgabe: Wen-/Was-Ergänzung

3. Dem Lehrer gebe ich sein Buch zurück.
Dem Lehrer: Wem-Ergänzung; sein Buch: Wen-/Was-Ergänzung

Der Nachbar schenkt mir Kirschen.
Wem-Ergänzung; Kirschen: Wen-/Was-Ergänzung

Meiner Oma kaufe ich einen Sonnenhut.
Meiner Oma: Wem-Ergänzung; einen Sonnenhut: Wen-/Was-Ergänzung

4. Dem Autofahrer erklärt der Polizist den schwierigen Weg.
Der Dieb entreißt der alten Frau die Handtasche.
Die Mutter verspricht ihrer Tochter ein großes Eis.

Seite 51–52

1. Im Gedicht findest du folgende Ortsangaben:
auf die Gass, in den Wald, nach Berlin, nach Tirol, heim, ins Bett, im Bett.

2. Die Zeitangaben sind: morgen, während der Ferien, heute Abend, seit zwei Wochen, heute Nacht.

3. Die Kinder kommen am Samstagnachmittag *vergnügt* in die Schule. Zuerst schmücken sie *liebevoll* das Klassenzimmer. *Ungeduldig* warten schon die Gäste vor der Tür. Um 15 Uhr wird das Fest *pünktlich* eröffnet.

Seite 55–57

1. Beispielsätze:
Ich kann nicht ins Kino gehen, weil ich kein Geld habe.
Ich gehe ins Bett, weil ich müde bin.

2. Tine zieht sich warm an, denn es ist heute sehr kalt.
Felix möchte ein Buch kaufen, doch sein Taschengeld reicht nicht.
Der Lehrer liest eine Geschichte vor und die Kinder hören aufmerksam zu.
Tine möchte mit dem Fahrrad fahren, aber Felix fährt lieber mit den Rollschuhen.

3. Beispielsätze:
Ich hoffe, dass du bald wieder gesund bist.
Ich glaube, dass morgen die Sonne scheint.

5. Ich komme zu dir, wenn ich wieder gesund bin. Dann können wir etwas malen oder wollen wir lieber etwas basteln? Ich weiß noch nicht, ob ich morgen schon aufstehen kann.

Seite 59–61

1. Kurz nach Weihnachten kommt Tine in die Buchhandlung. „Ich möchte gern einen richtig spannenden Kriminalroman kaufen“, sagt sie. Die Verkäuferin meint besorgt: „Aber das ist doch nichts für dich.“ „Ich möchte ihn ja auch für meinen Vater haben“, erklärt Tine, „denn seit Heiligabend spielt er mit meiner Eisenbahn. Jetzt will ich sie auch mal haben.“

Der Lehrer sieht Peter mit einem klapprigen, uralten Fahrrad über den Schulhof fahren. „Sag mal“, fragt er, „ist dein Fahrrad in der letzten Zeit mal überholt worden?“ „Na klar“, antwortet Peter, „vor allem von Felix mit seinem schnellen Rennrad.“

2. „Heute mittag muss ich in die Flötenstunde“, antwortet Felix.
„Ich muss dir aber dringend etwas zeigen!“, ruft Tine.
„Was willst du mir denn zeigen?“, fragt Felix neugierig.
„Das bleibt mein Geheimnis“, meint Tine.

4. Berta fragt: „Warum nennt man eigentlich die Satzzeichen der wörtlichen Rede auch Gänsefüßchen?“ „Hühnerfüßchen wären viel zu klein“, meint Tine.

Seite 67–69

1. Die Kinder haben eine Höhle entdeckt.

2. Satzgegenstand: die Kinder

3. Tine bringt Felix die große Taschenlampe.

   Das Zeitwort „bringt“ verlangt hier zwei Ergänzungen.

4. Artangabe: neugierig

5. Fragesatz

6. „Halt“, ruft Tine, „das ist doch viel zu gefährlich!“

7. Wen-/Was-Ergänzung: einen Stein

8. Satzgegenstand: Er. „Er“ ist ein Fürwort.

9. Tine holt ihren neuen Ball.

   Satzgegenstand Satzaussage Wen-/Was-Ergänzung

10. Satzart: Aufforderungssatz

11. Ich glaube, dass die Höhle ein Fuchsbau ist.
Das Einleitewort heißt „dass“.

12. Satzart: Aussagesatz

Fragekärtchen

Mit den richtigen Fragen findest du sicher die Satzglieder. Schneide die Kärtchen aus. Bewahre sie in einer Streichholzschachtel auf. Jetzt kannst du sie zu jeder Zeit zur Bestimmung der Satzglieder verwenden. Lege die Fragen- und Satzgliederkärtchen einfach unter die passende Stelle im Satz.

Der Schüler	leiht	seinem Freund	ein Buch.
wer oder was?	was tut, hat, ist?	wem?	wen oder was?
Satzgegenstand	Satzaussage	Ergänzung im Wem-Fall	Ergänzung im Wen-Fall

wer oder was?	Satzgegenstand
was tut, hat, ist?	Satzaussage
wem?	Ergänzung im Wem-Fall
wen oder was?	Ergänzung im Wen-Fall

Fragekärtchen

Subjekt	wer oder was?
Prädikat	was tut, hat, ist?
Dativ-Objekt	wem?
Akkusativ-Objekt	wen oder was?

Fachbegriffe der Grammatik

Wortarten

Namenwort	Nomen oder Substantiv	Hahn
Einzahl	Singular	ein Hahn
Mehrzahl	Plural	viele Hähne
Begleiter	Artikel	der Hahn
Fälle:		
1. Fall / Werfall	Nominativ	der Hahn
2. Fall / Wessenfall	Genitiv	des Hahnes
3. Fall / Wemfall	Dativ	dem Hahn
4. Fall / Wenfall	Akkusativ	den Hahn

Zeitwort	Verb	krähen
Grundform des Zeitwortes	Infinitiv	krähen
Gegenwart	Präsens	er kräht
vollendete Gegenwart	Perfekt	er hat gekräht
Zukunft	Futur	er wird krähen
Vergangenheit	Imperfekt	er krähte

Eigenschaftswort	Adjektiv	der stolze Hahn
Fürwort	Pronomen	er kräht
Umstandswort	Adverb	er ist eitel
Verhältniswort	Präposition	auf dem Mist

Satzglieder

Satzgegenstand	Subjekt	wer 1 Fall
Satzaussage	Prädikat	
Ergänzung Wessen-Ergänzung Wem-Ergänzung Wen- / Was-Ergänzung	Objekt Genitivobjekt Dativobjekt Akkusativobjekt	
Umstands-bestimmung	adverbiale Bestimmung	wo woher war